康小智图说系列·影响世界的中国传承

独一无二的瓷器

陈长海 编著　　海润阳光 绘

山东人民出版社·济南

国家一级出版社 全国百佳图书出版单位

图书在版编目（CIP）数据

独一无二的瓷器 / 陈长海编著；海润阳光绘 . --
济南：山东人民出版社，2022.6
（康小智图说系列 . 影响世界的中国传承）
ISBN 978-7-209-13766-9

Ⅰ . ①独… Ⅱ . ①陈… ②海… Ⅲ . ①瓷器（考古）—
中国—儿童读物 Ⅳ . ① K876.3-49

中国版本图书馆 CIP 数据核字（2022）第 062592 号

责任编辑：郑安琪　魏德鹏

独一无二的瓷器

DUYIWUER DE CIQI

陈长海　编著　海润阳光　绘

主管单位	山东出版传媒股份有限公司	规　格	16 开（210mm×285mm）
出版发行	山东人民出版社	印　张	2
出 版 人	胡长青	字　数	25 千字
社　址	济南市市中区舜耕路 517 号	版　次	2022 年 6 月第 1 版
邮　编	250003	印　次	2022 年 6 月第 1 次
电　话	总编室（0531）82098914	印　数	1-13000
	市场部（0531）82098027	ISBN 978-7-209-13766-9	
网　址	http://www.sd-book.com.cn	定　价	29.80 元
印　装	莱芜市新华印刷有限公司	经　销	新华书店

如有印装质量问题，请与出版社总编室联系调换。

序

　　亲爱的小读者，我们中国不仅是世界四大文明古国之一，更是古老文明不曾中断的唯一国家。中华文明源远流长、博大精深，是中华民族独特的精神标识，为人类文明作出了巨大贡献，提供了强劲的发展动力。我们的"四大发明"造纸术、印刷术、火药和指南针，改变了整个世界的面貌，不论在文化上、军事上、航海上，还是其他方面。如果没有"四大发明"，人类文明的脚步不知道会放慢多少！

　　"四大发明"只是中华民族千千万万发明创造的代表，中国丝绸、中国瓷器、中国美食、中国功夫……从古至今，也一直备受推崇。尤其值得我们自豪的是，这些古老的发明，问世之后，不仅造福中国人，也造福全人类；不仅千百年来传承不断，还一直在发展和创新。以丝绸为例，我们的先人在远古时期就注意到了蚕这样一只小小的昆虫，进而发明了丝绸。几千年来，丝绸织造工艺不断提升，陆上丝绸之路、海上丝绸之路不断开辟，丝绸成为全人类的宝贵财富。如今，蚕丝在医疗、食品、环境保护等各个领域都得到了广泛的应用，受到了人们的高度重视和期待。事实说明，中华民族不但善于发明创造，也善于传承创新。

　　亲爱的小读者！本套丛书，言简意赅，图文并茂，你在阅读中，一定可以感受到中国发明的来之不易和一代代能工巧匠的聪明智慧，发现蕴含其中的思想、文化和审美风范，从而对中华民族讲仁爱、重民本、守诚信、崇正义、尚和合、求大同的民族性格和"天下兴亡，匹夫有责"的爱国主义精神产生崇高的敬意和高度认同，增强做中国人的志气、骨气和底气。读完这套书，你会由衷地感叹：作为中国人，我倍感自豪！

侯仰军

2022 年 6 月 1 日

（侯仰军，历史学博士，中国民间文艺家协会分党组成员、副秘书长、编审）

陶器的诞生

中国是瓷器的故乡，勤劳智慧的中国人将水、土、火三者巧妙地结合到一起，制造出了精妙绝伦的瓷器。瓷器经历了从陶到瓷的漫长演变过程，可以说没有陶器，就不会有瓷器。那么，最早的陶器是如何诞生的呢？

远古时期，我们的先民过着采集和狩猎的原始生活，使用简单的石器。直到有一天，人类发现了火。

新时器时期，人们能很好地使用和掌握火。他们意外地发现柔软的黏土很耐火，经过火烧后会变得很坚固。

嘿嘿，瞧我发现了什么？掉进火堆里的土罐被火烧后变得坚硬了！

陶器是人类发明史上的重要成果。

后来，人们有意识地用黏土去烧制各种容器，陶器由此诞生了。有了陶制的炊具，就有条件烧煮食物，这改善了人类的生活质量，促进了人类社会不断向前发展。

陶器的制作步骤

这些黏土用水一和变得好柔软啊！

今天的天气不冷不热，正适合晾晒这些泥罐。

1. 用水和泥。

2. 捏成各种形状的泥罐。

3. 把捏好的泥罐摆在地上进行晾晒。

小的陶器用手捏就可以成形，大的陶器很难用手捏成形，于是人们发明了泥条盘筑技法。

4. 加盖柴草，进行烧制。

把泥团像搓面条一样搓成一条一条的，然后做一个底座，把泥条一圈一圈往上盘，这样盘起来比手捏快多了。

有了陶车，再也不担心陶器厚薄不均、形状不规则了！

后来，人们还发明了由转盘和轮轴构成的简易陶车。将陶泥放在陶车的转盘中间，就可以一边转动陶车，一边给泥陶塑形了。

5

窑的演变与发展

　　窑在陶器的烧制过程中充当着非常重要的角色，它可以将黏土捏成的陶胚变成坚固又实用的陶器。窑的发明源于人们对更高烧制温度的要求。随着烧制技术的进步，窑也不断地得到改良和革新。

　　刚开始，人们烧制陶器的方法简单而粗暴——把陶胚像烤红薯一样直接放在柴草堆里烧，而这种方式下热量散发得特别快。

　　为了保持高温，人们在干柴草堆外涂一层泥巴，并留下通气孔，保持火堆里的氧气不断，柴草会燃烧得更充分。但是这种方法也只能烧到600℃到800℃，烧制出来的陶器相对粗糙。

　　后来，人们发现用泥土砌一个窑，把陶胚放进去，这样烧制温度更高，能达到800℃以上。一般在窑中挖两个相互连通的洞，一个是用来烧火的火膛，一个是用来放陶胚的窑室，柴火的热量通过中间的通道传给陶胚。这就是最早的陶窑了。

战国时期，人们将窑的火膛和窑室合在一起，因为其外形像馒头，又被称为"馒头窑"。

馒头窑改烧煤以后，烟都变少了。

还是煤更耐烧啊！一块煤赶得上好多柴火。

馒头窑

远远看去，龙窑真像一条长长的龙呀！

馒头窑上有两根用来控制空气进窑的长烟囱，它们能使窑内最高温度达到1300℃，这个温度不仅能烧制陶器，还能烧制轻薄、精美的瓷器。宋代以后，馒头窑开始以煤做燃料，成为历史上最早以煤为燃料的陶瓷窑。

战国中后期，人们又发明出"龙窑"。龙窑依山而建，窑身长如巨龙。到了宋代，龙窑烧制技术提高，窑身也加长至五六十米，满足了工匠大批量烧瓷的需求。

龙窑

这么长的窑，一次得烧出来多少件陶瓷啊！

咱们的瓷器太受欢迎了，如果不一次多烧一些，都完不成客户的订单啦。

后来，又出现了依山坡而建的阶梯窑。阶梯窑各窑室相互连接，呈阶梯状排列。它集馒头窑烧制温度高、龙窑产量大的优点于一身。

阶梯窑

从陶器到瓷器

陶器诞生后，人们一直在改良陶器的制作工艺，让它更加美观和实用。于是，一项更伟大的发明诞生了，那就是瓷器。如果要说中国在世界上最具代表性的商品，那一定是瓷器。在英文中，"瓷器"和"中国"的拼写法相同，即"china"。

在掌握陶器的制作方法后，人们用天然的矿石制作彩料，绘制在陶器上。经高温烧制后，彩料紧紧附着在陶器上。这就是彩陶。

我找的这种颜料一烧完图案就消失了，咱们还是换一种颜料吧！

你们看，我找的这种颜料，烧完之后，颜色没有消失！

咦，这个罐子里的水没人喝，怎么就无缘无故变少了？

好疼！这个陶罐的边沿实在是太锋利了！

在使用陶器的过程中，人们发现陶器质地粗糙，而且全身布满密密麻麻的"小孔"，这些小孔会导致陶器不断地渗水。

为了让陶器变得美观和防水，人们在烧制前对陶胚进行修刮和磨光，并在其表面涂上一层由石灰石和黏土混合而成的"釉料"。釉料在高温下会溶解，紧紧附着于陶器表面，就像是一层光滑的玻璃外衣。

穿上了一层釉衣之后，我的身体变得光滑细腻多了！

东汉·绿釉陶狗

我们给这个刚烧制出来的新品种取一个新的名字吧，不如叫它瓷器好了。

辛亏发现了高岭土，否则都不知道还能烧出这么好看的罐子。

这次烧制的温度也比以前高很多。

再后来，人们发现了高岭土，其色泽洁白、质地细腻黏软，用它烧制出来的器皿，硬度和光泽度有了显著提高，这就是瓷器。

陶瓷的品质与原料和烧制温度都有关

陶器

原始瓷

瓷器

🌡700℃~1000℃

🌡1100℃~1200℃

🌡1200℃以上

只要是有一定的黏性和可塑性的黏土，就可以作为陶器的原料。

原始瓷大约出现于**商代**，它以高岭土为原料，但对烧制温度的要求较低，因此品质比真正的瓷器差。

真正的瓷器不仅要以高岭土为原料，还对烧制温度和时间有严格要求。

瓷器的发展与繁荣

瓷器是中国古代劳动人民的伟大发明，是中国对人类物质文明的重大贡献。从最早的原始青瓷到东汉真正的瓷器诞生，经历了 2000 多年的历史。随着技艺不断改进，瓷器历经无数次蜕变，成为今天享誉世界的"中国名片"。

别看我颜值不高，我可是在 1200℃以上高温下烧成的。

东汉晚期，出现了青瓷器。青瓷器即青釉瓷器，其质地细腻，釉面有光泽，透光性较好。

三国时期，瓷器除了日常生活使用外，还用于陪葬、祭祀等。考古发掘的三国时期墓葬和遗址中，出现了大量的青瓷器具。

把这些瓷器放到我的墓中，注意别碰坏了，这可是我最珍贵的宝贝！

南北朝时期，除了有青瓷和黑瓷，还出现了白瓷。白瓷标志着我国古瓷制造技艺的一个飞跃，是中国陶瓷史上的一个里程碑。

我是新来的白瓷。

青瓷

黑瓷

其实，白瓷是由青瓷发展而来的，两者的区别在于胎、釉中含铁量不同。含铁量少，胎呈白色；含铁量多，胎色较暗，呈灰、浅灰色。

白瓷　青瓷　黑瓷

铁含量

0%　1%　2%　3%　4%

含铁量低于1%，烧制出来的就是白瓷。

含铁量在1%~3%，烧制出来的就是青瓷。

含铁量在4%以上，烧制出来的就是黑瓷。

别看白瓷不够白，在当时它可是珍稀之物，不是一般人能用得起的。

受技术限制，早期的白瓷釉层较薄，呈乳白色，普遍泛青，个别还呈淡黄色，不够精美剔透。

隋朝时期，制瓷工匠会在上釉前给胎体刷一层
化妆土，使白瓷更加白净、光滑。

烧制之前轻轻刷上一
层化妆土，能遮盖住胎体
上的瑕疵，烧制后的瓷器
更是显得透明莹润。

管家，你去街上买
一些瓷器回来。以后咱
们家的食器和各种容器
都要换成瓷的啦！

唐朝对外贸易发达，货币流通量大增，用
来制作货币的铜料不足。于是，政府禁止百姓
用铜铸造生活用品，铜器也被禁用，人们开始
使用瓷器，这也促进了唐代瓷器的繁荣。

青瓷，你是我的最爱！

我觉得白瓷是天底下最好最美的瓷器。

盛唐时期，瓷器制作工艺大大提升，南方越窑盛产以秘色瓷为主的青瓷，北方邢窑盛产类银类雪的白瓷，形成了"南青北白"的局面。

五代十国时期的瓷器，风格由唐代的雍容浑厚变成优美秀致。随着制瓷工艺的进步，这一时期烧制出的瓷器成色均匀纯净。

五代·耀州窑青釉刻花提梁倒流壶

五代·定窑白釉刻"官"字款水丞

宋代出现了瓷器发展的第一个高峰，制瓷业飞速发展，瓷窑数量猛增，尤其是宋代五大名窑的形成，标志着真正意义上的瓷器时代的到来。

这五大名窑分别是汝窑、钧窑、官窑、哥窑、定窑，它们烧制的瓷器各具特色，美不胜收。

汝窑的瓷器才是精品！

钧窑的钧瓷绚丽多变，美艳无比，非常符合我的审美。

我还是喜欢定窑的白瓷，纯净优雅，宛若月下美人。

瓷器都往大里做，不要小家子气！

元代制瓷手工业有很大创新和发展，在中国陶瓷史上占有重要的地位。在蒙古族的习俗和审美影响下，这一时期的瓷器"体格"逐渐变得硕大。

元朝非常重视海外贸易，瓷器也随之远销到海外各国。

把你怀里的中国瓷器给我，这箱珠宝就归你了。

14

明清时期是瓷器生产的鼎盛时期，也是中国瓷器销往海外的高峰时期。

我代表官方，我的实力可是很强的！

明朝时，著名的瓷都景德镇发展尤为突出，几乎形成了"一统天下"的局面，成为全国制瓷中心。

我虽然出自民间，但是我的实力也不差！

用洋人的技法画出来的确实很好看啊！

珐琅彩是一种釉上彩瓷，从景泰蓝演变而来。其制作过程是在外壁无釉的瓷器上，以黄、红、蓝、豆绿等彩色为底，彩绘图案，再经低温烧成。珐琅彩胎质细薄，釉面精致，色彩艳丽，纹样有立体感。

清

清康熙·御制胭脂红地珐琅彩莲花图碗

这件精美的瓷器现藏于北京的故宫博物院，有机会我一定要去看一看。

清朝时期，康熙、雍正、乾隆三个皇帝都对瓷器有所偏爱，在他们的大力推动下，瓷器变得越来越精致、奢华，纹饰也更加雍容、繁复。

清乾隆·胭脂红、蓝地轧道珐琅彩折枝花纹合欢瓶

精美绝伦的瓷器珍宝

瓷器诞生后，制瓷技术不断进步，出现了很多技艺高超的制瓷工匠，他们制造出很多备受世人赞誉的瓷器，这些瓷器有的甚至价值连城，成为后人争相收藏的珍宝。

> 这件瓷器如此晶莹剔透，就像是用冰雕刻出来的一般啊！

> 这成色一点都不输于玉，甚至比玉还有光泽。

秘色瓷

五代时期，江浙地区盛产青瓷，其中的精品称"秘色瓷"，其晶莹剔透，呈淡黄绿色，被称赞为"千峰翠色"。

> 建盏是一款为茶而生的瓷器。盏有"小杯子"的意思，这种杯子产自建窑，所以被称为"建盏"。

建盏　　茶筅

> 宋人喝茶，习惯将茶叶磨成粉放到杯子里，倒入开水，然后用一种叫"茶筅（xiǎn）"的竹制小刷子把茶粉搅拌起泡，茶沫越白就说明茶越好。

宋朝时期，民间流行"斗茶"，用来品评茶叶质量的高低。为了看清楚茶汤颜色，就需要用到黑色的茶盏，于是建盏应运而生，成为黑瓷的杰出代表，并被钦点为皇室御用茶具。

> 苏兄，你的茶汤可没有我的白啊！不好意思，这次我获胜了。

> 那是因为你用的是建盏，把你的茶汤衬托得愈发白罢了。

这是剪纸贴花茶盏，茶盏施黑釉后，贴上剪好的剪纸图案，再施一层玳瑁釉，入窑后烧制而成，它对温度的控制要求极高。

兄台，这枚茶盏里怎么会有如此清晰的剪纸图案？

我的茶盏里怎么有一片叶子，莫非是窗外的落叶？

贤弟莫慌，此乃木叶纹茶盏，是将天然树叶浸水腐蚀后沾釉贴在器物内烧制而成的。

南宋时期的木叶纹茶盏、剪纸贴花茶盏是吉州窑独有的杰作，它们都是黑釉茶盏。

木叶纹茶盏光泽晶莹，盏底静"卧"一枚树叶。盛水后，树叶犹如漂浮在水面一般。

木叶纹茶盏

剪纸贴花茶盏

烧制木叶纹茶盏，必须选用叶脉清晰、具有美感的叶片。

在瓷器的烧制过程中，釉面容易自然开裂，这原本是瓷器的一种缺陷，但是制瓷工匠却掌握了开裂的规律，让"裂纹"成为一种装饰，营造了一种独特的美感。这就是宋代哥窑冰裂瓷。

哥窑青釉葵花式洗

那不一定，冰裂瓷就以裂纹为美，裂纹越多越值钱。

瓷器一旦有裂纹，就卖不上价了。

17

钧窑始烧于金代，窑变瓷是钧窑的特产。因为窑变瓷的釉料中含有铜、铁等金属元素，经高温产生窑变，使得釉色变得绚丽多彩。

这就是所谓的"入窑一色，出窑万彩"啊！

看，单这紫色就有玫瑰紫、茄皮紫、丁香紫等，真是美不胜收啊！

窑变瓷

窑变瓷出窑真有趣，每一个都能带来意外的惊喜呀！

青白瓷是北宋时期的新品种。青白瓷胎质洁白细腻，釉色特点是"青中有白，白中显青"，介于清白二色之间，釉质明净如玉。

青白瓷集合了青瓷和白瓷的优点，色调淡雅，我建议二位买青白瓷。

我喜欢青瓷。

我觉得白瓷更美！

青白瓷

宋代的制瓷工匠将雕刻技艺与瓷器制作结合，创造了风格独特的剔花瓷器。剔花瓷器上的纹饰和图案有很强的浮雕感。

这剔花瓷器雕刻得太精美了。

这剔花瓷器还防滑，不容易失手摔碎。

剔花瓷器

薄胎白瓷代表了**明代**景德镇制瓷工艺的最高水平。薄胎白瓷釉质纯净莹润，薄如蛋壳，透光度高，光照能见影。

用薄胎白瓷做的灯罩不仅美观，而且也格外明亮，甚得我心。

薄胎白瓷

甜白釉瓷

明朝永乐年间，制瓷工艺发展，白瓷能薄到半脱胎的程度，釉质纯净莹润，白如凝脂，其色调有一种恬静柔润之感，故称为"甜白瓷"。

这是我国专门献给陛下的玉碗，请收下。

我们的甜白釉瓷比玉碗还要莹润呢，这只玉碗，朕就不收了。

明清两代瓷器发展是多方面的，最主要表现在色釉瓷和彩绘瓷。

明弘治时期，由低温烧制而成的娇黄釉瓷达到当时色釉瓷的最高水平。娇黄釉瓷釉面光泽强，平整光滑，又因其色彩鲜艳娇嫩，称为"娇黄"。

明弘治·娇黄瓷

你们的娇黄瓷太美了，我能买一批回去吗？

在我们国家只有皇家才能用娇黄瓷，你还是别抱妄想了。

青花瓷虽只有蓝白两色，但也属于彩绘瓷。青花瓷最大的特点是颜色鲜艳、青翠如宝石蓝色，莹澈明亮。明永乐年间，当时朝廷对朝贡使节答赠，以及郑和下西洋时所用礼品多为青花瓷。

听说这件青花瓷是釉下彩啊，什么是釉下彩？

釉下彩是先彩绘，再上一层透明的釉，一次烧成后，彩绘在釉层之下。

明永乐·束莲纹大盘

清朝康熙年间，一位叫郎廷极的督陶官在景德镇督造瓷器时烧制出郎窑红瓷器。郎红瓷色泽深艳，呈色均匀，由高温烧制而成。

大人，今年拿什么礼物进贡给皇上呢？

准备两件上好的郎红瓷吧！

郎红瓷

清朝康熙年间，粉彩瓷诞生了。其制作工艺是先在白瓷上勾出图案轮廓，填上"玻璃白"垫底，再用掺入铅粉的颜料进行彩绘。掺入铅粉的颜料，色调淡雅柔和，层次丰富，令人赏心悦目。

粉彩瓷

那些不为人知的制瓷大师

制瓷工艺的发展离不开瓷器工匠的付出，但绝大多数工匠都只是默默无闻地奉献着，以个人的精湛技艺成就着中国陶瓷艺术的发展。

对我来说，做陶瓷可比做官有意思多了。

赵慨

您为什么放弃自己的仕途选择来我们这里做陶瓷呢？

东晋的赵慨被尊为瓷器行业的祖师爷。他辞官后来到景德镇（当时叫昌南），运用越窑制作青瓷的工艺对景德镇的制瓷工艺进行了一系列重大改革，大大提高了当地的制瓷技术和产品质量。

宋代有一对擅长制作青瓷的兄弟，人们将哥哥的瓷窑称为"哥窑"，弟弟的瓷窑称为"弟窑"。这两个窑都是当时非常知名的瓷窑。

哥窑才是真的厉害，我们生产的冰裂瓷连皇家都喜欢。

哈哈，别争了。依我看，哥俩儿都很棒！

我们弟窑的青瓷也是闻名遐迩啊！

章生一

章生二

舒娇是我国陶瓷史上第一位女陶工，是制瓷名匠舒翁之女。舒娇擅长烧制垆瓷，且技艺胜于其父。父女二人的"舒家窑"也是吉州地区最负声誉的一个窑场。

舒家窑

舒娇

这个瓷器不但造型好看，釉面上的图案也很精美啊！

明代瓷塑家何朝宗热爱瓷塑工艺，擅长塑造佛教人物，是瓷塑工艺代表人物之一，被后人誉为"瓷圣"。

是啊，谁说女子不如男？舒娇的瓷器做得就很好！

何朝宗

清代的唐英不仅精通制瓷技艺，还系统总结了我国陶瓷烧造工艺，写出了《陶冶图说》一书。该书是研究传统制瓷工艺的重要资料。

陶冶图说

唐英

瓷器在世界的传播及影响

西汉时期，中国瓷器已经开始向外输出。公元 8 世纪，中国瓷器已经传到阿拉伯、印度、波斯和地中海沿岸各国。公元 17 和 18 世纪，中国瓷器通过海上环球航线来到世界各地，成为世界性的商品，也成为中西商品交流和文化交往的象征。

汉朝时期，瓷器和丝绸作为外交礼物，通过陆上丝绸之路被送往东南亚、中亚、西亚等地区，成为中国文化的一种象征。

看，又有好多外国船开过来了，估计又是来跟咱们做瓷器买卖的。咱们的瓷器实在是太受欢迎了！

唐朝时期，随着海上丝绸之路的发展，瓷器开始了世界之旅，外国商人也慕名来到中国购买瓷器。

五代时期，瓷器传到了朝鲜半岛。当地从中国引进制瓷工匠，后来制成新罗青瓷、高丽青瓷等，因其颜色如翡翠一般，也被称为"翡翠色"瓷器。

中国的陶瓷技术，咱们暂时还学不来。还是去中国多引进一些制作陶瓷的人才吧！

中国的瓷器传入东南亚地区后，成为当地人盛放食物的容器，某种程度上改变了东南亚地区的饮食风俗。

从今天开始，咱们用中国的瓷器盛饭，不用芭蕉叶了。

然而，当时的航海技术并不发达。运送瓷器的船只如果在海上遇上风浪，极易发生意外，这也导致很多瓷器随着船只落入海底。

这海上的风浪真是说来就来，我花了这么多银子买的瓷器，全部葬身海底了！

别难过了，这不是还给咱们剩了三个吗？

宋朝时期鼓励海外贸易，并设置专门的机构市舶司负责接待外商，为瓷器的外销创造了条件。这一时期，外销的瓷器总量大大增加。

我们现在专门做外国人的生意啦！你去别家看看吧！

我想从你们这里定一批瓷器，价格好说。

元代官营和私营的海外贸易都非常发达，各国商人纷纷前来进行贸易，拥有中国的瓷器于他们而言是地位和财富的象征。某些国家甚至把景德镇的瓷器当成珠宝，镶嵌在宫殿或者建筑物上。

新建的宫殿墙面，我要用中国的瓷器来装饰。

明朝时期是中国瓷器输出的高峰，从郑和下西洋起，一直到 19 世纪中期，几乎很少间断。每年都有数十万件瓷器输往国外。

中国的瓷器实在太受欢迎了。

你这次定制的瓷器数量这么多，一年以后再来提货吧！另外，我们的定制价格可是很贵的。

请您按照设计图上的图案来烧制瓷器，这批瓷器就拜托您啦！不知道我什么时候能拿到货呢？

清朝时，一些国外的贵族和皇室不满足于只有中国纹饰和图案的瓷器了，于是开始向中国定制具有西洋风格、符合他们审美的瓷器。

27

中国近代三大瓷都

经过漫长的发展演变，我国制瓷工艺日益精进，名瓷名窑在全国各地相继涌现，历史上就曾出现汝窑、官窑、哥窑、钧窑和定窑等五大名窑，以及以景德镇为代表的"瓷都"。直至今日，我国享有"瓷都"美誉的城市有三个，分别是江西景德镇、福建德化和湖南醴陵。

那你可算来对地方了，这里制瓷大师云集，还有很多洋人慕名来这里采购瓷器呢！

北宋年间，景德镇还叫"昌南镇"，当地的制瓷工匠融合南北制瓷工艺，烧制出风韵独特的青白瓷。青白瓷色质如玉，宋真宗尤为欣赏，并将自己的年号"景德"赐予昌南镇当名字用。从此，景德镇闻名天下。

听说景德镇里有很多烧制陶瓷的高手，我是专门来拜师学习制瓷工艺的。

哈哈，我这可不是玉碗，而是一个货真价实的景德镇瓷碗。

明代，景德镇成为全国制瓷中心，并引领明清两代瓷坛数百年。

你这玉碗实在是精致，看上去晶莹剔透，一定是一件上好的玉器吧？

德化位于福建泉州，早在**宋元**时代，德化瓷器就蜚声海内外，有"中国白"的美誉。这个时期，泉州是东方第一大港，德化瓷器从泉州港经海上丝绸之路走向世界各地，成为对外贸易的重要商品。

我听说这里盛产《马可·波罗游记》里提到的"中国白"。你能告诉我，这精美的"中国白"是怎么制造出来的吗？

我们德化高白土的质地细腻、洁白无瑕，用它烧制出来的瓷器莹润光洁，而且透光度非常好。

湖南醴陵也是三大瓷都之一，其创造出的釉下五彩瓷器曾获"巴拿马太平洋万国博览会"金牌奖。

醴陵的红瓷也十分有名。清朝时醴陵红瓷的制造工艺已经相当突出，品种也较为多样。但直到1998年才烧制出色泽鲜艳、表面纯净的大红色瓷器。

我1998年才诞生，比起我那些瓷器前辈们，我可以说是非常年轻的瓷器啦！

我们终于研制成功啦！

科学家将这种大红色瓷器命名为"中国红"，它们中的每一件都是国家级的艺术品。

陶瓷在现代的应用

在古代，陶瓷的使用范围仅限于餐具、文具、摆件等。到了现代，陶瓷已经被应用于装饰、医学、军工等多个领域。

如今，许多人在装修时会选择陶瓷地砖铺设室内地面。

客厅铺这种淡雅风格的瓷砖真是太好看了。

是啊，还是你比较会挑瓷砖。

做完植入人工髋关节的手术之后有什么不舒服的地方吗？

没有，我的腿终于不疼了。

材料学家们用陶瓷研发出一款特殊的纳米材料，并将其应用于医学和军工，比如制造人工骨头、帮飞机隐身等。

同时，现在的陶瓷餐具不仅更加美观，还越来越抗摔。

瓷器的承受力实在是太惊人了！

在瓷器配料中加入骨头粉，瓷器胎体会更加坚固，仅四个骨瓷杯子就能支撑起一辆轿车。

除了餐具，陶瓷还能做厨具，例如陶瓷刀。相比金属刀具，陶瓷刀更加耐磨也更加安全。

没想到瓷器和钻石搭配在一起也如此美丽啊！

妈，我给你买的刀是陶瓷刀，不需要磨哟！

光顾着买刀了，忘记买一块磨刀石了。

珠宝设计师还将陶瓷设计为首饰。

陶瓷在现代已经全面融入了人们的生活。